A LA MÉMOIRE

DE

M. Pierre-Joseph CAMPIONNET

1808-1888

MACON, PROTAT FRÈRES, IMPRIMEURS

HÉLÈNE DUVAL DIR

FÊTE DE FAMILLE

A GUEUGNON

INAUGURATION

DU BUSTE

DE

M. Pierre-Joseph CAMPIONNET

Le 29 Juin 1890

MACON

PROTAT FRÈRES, IMPRIMEURS

1890

E 26 février 1888, la petite ville de Gueugnon était
en deuil : la mort enlevait à une nombreuse famille
ouvrière un chef bien aimé, et à une population tout
entière un bienfaiteur et un ami.

M. Pierre-Joseph Campionnet, ancien maire de Gueugnon,
ancien conseiller général, maître de forges, chevalier de la
Légion d'honneur, rendait son âme à Dieu après une longue
vie entièrement consacrée au travail.

Les regrets causés par cette perte furent unanimes.

Depuis le moment de la mort jusqu'à celui des funérailles,
plus de trois mille personnes sont venues s'agenouiller, prier
et pleurer autour du cercueil de cet homme de bien. Ses
obsèques furent dignes de sa belle vie : à son convoi, on a vu
tous les rangs confondus, et sur sa tombe des voix éloquentes
ont célébré ses bienfaits.

Mais toutes ces pieuses démonstrations, tous ces témoignages les plus sincères de la douleur et de l'affection ne
suffisaient point à la reconnaissance de ceux que M. P.-J.
Campionnet avait obligés.

Ses employés et ses ouvriers, qui l'aimaient comme des
enfants aiment un père, manifestèrent d'abord le désir de
perpétuer le souvenir de celui qu'ils regrettaient. Puis le
conseil municipal, dont M. Campionnet avait été le chef
pendant vingt-six ans; reconnaissant de tous les services qu'il

avait rendus à la ville, voulut prendre l'initiative d'un projet qui avait pour but d'élever, sur une place publique, un monument à la mémoire de l'ancien maire de Gueugnon.

Les Actionnaires des Forges devaient mettre cette idée à exécution.

Dans leur assemblée générale du 25 juin 1889, ils décidèrent qu'un buste en bronze, représentant M. P.-J. Campionnet, serait érigé dans la cour de l'usine, entre les bâtiments d'habitation et ceux de l'usine, en reconnaissance des services éminents rendus à la Société fondée par lui, aux ouvriers et au pays.

M. François Campionnet, gérant actuel des usines, s'est chargé de réaliser le projet des Actionnaires.

Il confia l'exécution du buste à un statuaire distingué, M. A. Carlès, qui a su faire revivre, avec un merveilleux talent, la figure si expressive de M. Pierre-Joseph Campionnet.

Ce buste repose sur un beau socle en porphyre des Vosges, qui porte les inscriptions suivantes :

Face antérieure :

PIERRE-JOSEPH

CAMPIONNET

1808-1888

Côté, gauche du buste :

LE VERDERAT

1840-1856

Côté, droite du buste :

GUEUGNON

1845-1888.

La figure regarde l'entrée principale de la cour de l'usine.

L'inauguration a eu lieu le dimanche 29 juin, jour de la fête de saint Pierre, patron de M. Pierre-Joseph Campionnet.

La journée du 29 juin 1890 comptera dans les annales de notre usine. Dès la veille et le matin, la fête est annoncée par des salves d'artillerie. Gueugnon prend ses airs des grands jours. La place de la Foire, où sont installés plusieurs divertissements et jeux divers, est superbement décorée et enguirlandée.

Une estrade a été élevée à côté du monument, elle est ornée de verdure et pavoisée de drapeaux.

La famille Campionnet y prend place, entourée des actionnaires de l'usine, des membres du conseil municipal, de nombreux amis et des employés de l'usine.

Le général Campionnet, chef d'état-major du 18e corps d'armée à Bordeaux, est venu joindre ses hommages à ceux que l'on rend à la mémoire de son oncle : il assiste en grande tenue à la fête.

Les ouvriers sont rangés en ordre, par corps de métier, autour du buste.

Une foule nombreuse, venue de Gueugnon et des communes voisines, se presse aux abords de la cour de l'usine.

Le voile qui recouvrait le monument ayant été enlevé, le buste apparaît pour la première fois aux yeux du public. Tous les assistants sont émus, quelques-uns jusqu'aux larmes, en contemplant l'image de celui qui avait été pendant si longtemps leur patron.

L'excellente Fanfare des Forges entonne à ce moment le chœur de Faust : « Gloire immortelle de nos aïeux. »

Ce morceau, brillamment exécuté, est salué par des bravos.

M. Hubert Morard, ancien magistrat à Villefranche (Rhône) et l'un des actionnaires de l'usine, prononce le discours suivant :

Messieurs,

Les associés de M. P.-J. Campionnet ont eu la pensée d'élever à sa mémoire un monument durable, et de le placer au milieu des bâtiments de l'usine qui est son œuvre, sous les yeux du personnel dévoué d'employés et d'ouvriers qu'il aimait tant.

Votre concours empressé autour de ce bronze, visible aujourd'hui pour la première fois, dit assez que notre pensée a été comprise et qu'elle répondait au secret désir de vos cœurs. A vous et à ceux qui viendront après vous, il rappellera, en même temps que les traits du modèle, le souvenir de celui qui apporta et répandit dans ce pays, avec l'activité de l'industrie et du commerce, l'influence bienfaisante du travail et du progrès matériel et moral, la richesse, ou tout au moins l'aisance pour beaucoup, et qui fut pour tous un exemple parfait de toutes les qualités dont l'ensemble n'appartient qu'aux hommes qu'on n'oublie pas.

C'était une attachante physionomie que celle de M. P.-J. Campionnet; sa simplicité était sincère et naturelle, mais apparente seulement; au fond, il était plein d'intelligence et de pénétration. Il ne se souciait pas de se faire valoir, mais il inspirait à ceux qui le voyaient le désir de le mieux connaître. On sentait vite sa supériorité, et comme elle était sans prétention, on l'admettait, on la respectait, et on en venait vite à l'aimer. Son abord cordial, sa franchise prévenaient en sa faveur; la justesse et la précision de son raisonnement faisaient accepter sans effort tout ce qu'il expliquait; sa probité, sa loyauté impeccable désarmaient la défiance; il semblait qu'en l'écoutant, on ne pouvait ni se tromper, ni être trompé. Des yeux bien ouverts, regardant toujours bien en face, lui permettaient à la fois de bien voir et de se découvrir tout entier. C'était pour lui double avantage et double succès.

Son intelligence prompte, vive, étendue, s'appliquait sans efforts aux objets mêmes les plus étrangers à sa pratique accoutumée, et se les assimilait malgré leur diversité. S'expliquant les choses du premier coup, il n'avait guère le temps de s'étonner. La netteté de son esprit se traduisait extérieuremeut par l'ordre parfait, par l'arrangement et l'organisation pour lesquels il avait comme un don particulier, et l'on peut dire avec certitude qu'il eût réussi dans toute autre carrière que l'industrie, si les circonstances et la nécessité l'y avaient appelé.

Mais ces dons précieux de l'esprit et de l'intelligence étaient encore rehaussés par les qualités de son cœur, les plus belles, Messieurs, les plus méritoires de toutes les qualités, parce qu'elles procèdent de la volonté. Que la nature orne plus ou moins notre esprit, qu'elle se montre envers nous avare ou prodigue, il y a en nous quelque chose qui nous appartient en propre, et qui émane bien de nous, c'est notre cœur. Il dépend de nous d'être bons, nous n'avons qu'à le vouloir, et à ce point de vue tous les hommes sont égaux, ou le peuvent être. Eh bien! M. Campionnet fut bon, il voulut l'être, il le fut avec plaisir, il en recherchait les occasions, et, aujourd'hui, en considérant ce pays où il fut tout et qui ne fut que par lui, nous nous demandons s'il ne doit pas autant au grand cœur de M. Campionnet qu'à sa remarquable intelligence.

C'est dans son cœur qu'il avait puisé la notion vraie, élevée, des devoirs du patron. Il pensait que le chef d'industrie n'est pas seulement un spéculateur, s'efforçant, comme on dit, de faire ses affaires, il voulait aussi faire celle des autres. Fournir du travail à des centaines de personnes, de tout âge, de tout sexe; permettre à de nombreuses familles de se procurer toutes les ressources nécessaires à la vie; fabriquer et livrer au commerce des quantités considérables de marchandises, attirer dans un pays les capitaux du dehors, provoquer des entreprises, faire surgir des constructions de tous côtés; doubler, tripler, en une vie d'homme, la population d'un pays, la valeur de son sol, et l'aisance de ses habitants; tout cela, M. Campionnet l'a tenté, l'a réalisé avec succès, mais il a voulu faire davantage.

Pénétré de la nécessité de sauvegarder les intérêts moraux des populations, plus encore que de leurs besoins matériels, il voulait tout simplement, sans phrases retentissantes, sans théorie, sans bruit, résoudre autour de lui, à Gueugnon même, le problème de l'organisation du travail.

C'est un grand mot, Messieurs, peut-être même n'est-ce qu'un mot, quand nous le lisons dans les écrits de chaque jour, qui l'entendent de tous les ouvriers, de tous les états, de tous les pays. Mais pour M. Campionnet, homme pratique, qui l'entendait de Gueugnon, et qui voulait rendre service à tout le monde, sans tromper personne, il signifiait un ensemble d'institutions locales, de mesures pratiques, appropriées aux besoins et aux goûts de ceux qui l'entouraient. M. Campionnet voulait attacher son personnel d'ouvriers et d'employés à son entreprise, à son sort et en quelque sorte à sa fortune; non pas certes en les associant à sa gestion et à sa responsabilité, car l'utopie ne fut jamais son faible; mais par la satisfaction offerte aux intérêts, aux affections, aux désirs légitimes de chacun. Combattre l'esprit nomade, les tendances vagabondes, les habitudes qui n'attachent à rien, écarter les individualités imprudentes qui ont passé partout sans se fixer nulle part, faire comprendre que la liberté du travail offre plus d'un danger, qu'elle expose souvent à un fâcheux isolement; que si elle est, à la vérité, la loi du travail moderne, elle ne garantit rien au travailleur; que l'avenir de chacun dépend de sa sagesse, de sa bonne conduite. Ses ouvriers étaient pour lui une grande famille, il voulait la composer et la conduire. Il aimait surtout l'homme de bonne volonté, qui a son domicile, et qui reste là où il réussit à trouver du travail pour lui et pour les siens, à fonder une famille, à l'élever religieusement. Procurer à celui-là tout ce qui peut aider à la satisfaction de son honnête ambition, lui assurer les avantages matériels, afin d'avoir le droit de lui offrir les autres qui sont les plus précieux; lui faciliter l'accès de la propriété du sol, favoriser en lui l'esprit d'épargne, les idées d'ordre, d'économie, de charité mutuelle, lui fournir même des distractions, l'aider, en un mot, en tout et pour tout, sans le contraindre jamais; voilà, Messieurs, comment M. Campionnet comprenait son noble métier de patron. C'était, à ses yeux, une fonction sociale, et c'est avec raison qu'il l'entendait ainsi. En effet, pourvoir aux intérêts variés des populations ouvrières, leur permettre d'accomplir le précepte supérieur et éternel : « Tu gagneras ton pain à la sueur de ton front, » les prémunir contre les dangers qu'elles ne peuvent pas voir, répandre les idées d'ordre et de paix, écarter les doctrines dissolvantes, telle est la mission du patron; c'est celle d'un ministre vigilant de la grande loi du travail; c'est celle que M. Campionnet conçut et pratiqua pendant 50 ans.

En même temps, il développait les moyens de production, les maintenait à la hauteur des progrès de chaque jour, entretenait, par une activité sans relâche et une vigilance toujours attentive, la puissance de ses instruments de fabrication, tantôt bâtissant des ateliers nouveaux, tantôt relevant, renouvelant, agrandissant des constructions devenues insuffisantes. Quel labeur,

Messieurs, mais aussi quels résultats et quelles récompenses lui ont été accordées!

Si nous jetons un coup d'œil d'ensemble sur cette existence si bien remplie, nous voyons que les entreprises de M. Campionnet ont obtenu les succès les plus satisfaisants, qu'il a vieilli entouré d'une famille nombreuse qui faisait sa joie et sa fierté, qu'il a été soutenu pendant plus de quarante ans par une compagne admirable, dont l'appui ne différait pas beaucoup d'une collaboration effective, nous l'avons vu, goûtant la satisfaction inappréciable et bien rare de se voir revivre dans l'un de ses fils, et de se sentir assuré d'avoir en lui un héritier digne de son héritage; nous l'avons vu recherché pour ses lumières et son expérience, honoré des mandats électifs pendant de longues années, maire de Gueugnon, soit par le choix du gouvernement, soit par celui de ces concitoyens; chevalier de la Légion d'honneur, distinction qu'il mérita de bonne heure, mais qu'il attendit longtemps parce qu'il ne voulut jamais la solliciter. N'eût été la maladie qui le visita, hélas! trop tôt, et qui lui infligea de longs hivers d'inaction et de souffrances supportées avec une énergie qui ne faiblit jamais, nous pourrions presque dire que M. Campionnet fut un homme heureux.

Certes, il était digne de l'être et il le fut dans une certaine mesure.

Il aimait à raconter comment avait pris naissance, en 1840, la Société qu'il a fondée et qui subsiste encore

après des transformations diverses, comment il avait
réussi à réunir les ressources dont il avait besoin pour
exploiter cette première usine du Verderat, où il donna
la mesure de ce qu'il valait. C'était pour lui un bon
souvenir sur lequel il se plaisait à insister. Ses associés,
dont un seul, au début, le connaissait, lui avaient
témoigné une confiance dont il avait été très profon-
dément touché. Il s'agissait de maintenir en activité
l'usine du Verderat, située à quelques lieues d'ici,
consacrée exclusivement à la fabrication du fer-blanc, et
qui était assez prospère.

Toutefois, cette usine faisait partie d'une Société
comprenant un assez grand nombre d'usines, de forges,
de hauts fourneaux dans plusieurs départements, et qui
avait été déclarée en état de faillite. Le Verderat
succombait avec les industries et à cause des industries
auxquelles il était lié; mais, par lui-même, il présentait
des éléments de vitalité sérieux. M. Campionnet, alors
simple employé au Verderat, demandait à M. Adeleine
de lui procurer des fonds et d'avoir foi en lui. « Si
« M. Adeleine, disait-il, n'avait pas cru à ma parole et
« à mes vues d'avenir, j'aurais dû quitter le pays, et
« que serais-je devenu ? »

Messieurs, le souvenir de M. Adeleine fut toujours
mêlé aux actions de grâces de M. Campionnet envers la
Providence; il est bien probable, sinon certain, que sans
le concours de cet homme de bien, dont tous nous
vénérons et chérissons la mémoire, la Société du

Verderat d'abord, puis celle des Forges de Gueugnon,
n'eussent jamais existé. Dès lors, considérez par la
pensée ce qui fût advenu. M. Campionnet eût transporté
sur un autre théâtre son expérience, son intelligence et
son activité. Sans doute il eût réussi, ayant tout ce qui
fait réussir. Mais il eût réussi loin de vous et sans vous,
sans ce pays si digne d'intérêt qu'il adopta pour sien et
qui le lui rendit en mille marques de gratitude. Gueugnon fût demeuré ce qu'il était, un chef-lieu de canton,
sans vie, avec une forge inactive ou à peu près, une
population presque exclusivement agricole, heureuse
peut-être, mais heureuse à la façon des bourgs déshérités
et des peuples qui n'ont pas d'histoire.

Cependant, au lieu de ce triste tableau, que voyons-
nous ? Une grande usine métallurgique, reconstruite sur
des plans nouveaux, pourvue des appareils les plus
perfectionnés, de grands ateliers où l'air, la lumière,
l'espace ne sont pas ménagés, une population doublée,
une église neuve, monument de la piété des fidèles,
aidés de la libéralité de la Société des Forges et de son
gérant, de nombreuses habitations ouvrières où sont
spacieusement logés plus de 80 ménages, un canal, un
port qui ne sont pas l'œuvre de la seule Société des
Forges, mais auxquels elle a coopéré largement, et qui
n'existeraient pas sans elle; des écoles libres, gratuites,
non laïques, ni obligatoires, qui reçoivent plus de
400 enfants (autant que dans le bon temps où elles
étaient écoles officielles), installées dans des locaux
construits ou aménagés pour elles. Cette œuvre,

Messieurs, est celle à laquelle M. Campionnet tenait le plus et c'est aussi celle dont nous avons le droit d'être particulièrement fiers, parce que l'une de ces écoles, celle des garçons avec ses cinq maîtres, a trouvé un refuge dans les bâtiments mêmes de l'usine à laquelle elle ne pourra que porter bonheur.

Puis-je ne pas mentionner cet hôpital placé sous l'invocation protectrice de saint Antoine, qui n'est pas son unique patron, mais qui est le seul que je puisse nommer. C'est un établissement qui reçoit les malades et les vieillards. Il n'est pas vaste, mais rien n'y manque, et puisqu'il y aura toujours des pauvres parmi nous, souhaitons qu'il prospère et qu'il devienne plus considérable à l'avenir avec la population qu'il est appelé à soulager.

D'ailleurs, sans anticiper sur l'avenir, il m'est permis de dire que les fondations charitables, sous leurs formes variées, ingénieuses, utiles et vraiment touchantes, ne manqueront pas de se produire chacune à son heure.

L'opération capitale de M. Campionnet, celle qui montra toute la valeur de son intelligence, fut la translation de la Société et de son industrie du Verderat à Gueuguon. En considérant les conditions de l'industrie dans le pays, son état, ses besoins, il comprit, après quelques années, que le Verderat ne lui offrait qu'un avenir limité. Locataire d'une usine éloignée des voies de communication, mue par les eaux d'un étang, M. Campionnet sentit que son entreprise pouvait vivre, mais vivre ne suffit pas, il faut avancer, grandir, se développer, et dès l'année 1845, il fit l'acquisition de la vieille forge de Gueugnon, mieux située, offrant plus de ressources, plus de moyens d'action et par suite plus de chances d'avenir. C'est là qu'il est devenu un chef d'industrie de premier ordre. On le vit travailler sans relâche, mettre la main à tout, se faisant à la fois, architecte, ingénieur, entrepreneur; bâtiments, engins de fabrication, tout fut son œuvre. Ceux qui ont vu cette usine il y a quarante ans ne peuvent en croire leurs yeux; tout y a été changé, amélioré; tout y révèle un système, une méthode de perfectionnement incessant. Il y a telle fabrication qui a prospéré longtemps et qui n'existe plus parce qu'elle a dû céder la place à d'autres plus productives, telle autre branche d'industrie, à laquelle on ne pensait pas, est aujourd'hui en pleine activité. Il serait trop long de détailler ici l'énumération de beaucoup de faits que vous connaissez mieux que moi; tel n'est pas, du reste, l'objet de ce discours. Nous avons voulu témoigner de notre gratitude affectueuse pour l'homme de bien qui a tant fait pour ce pays. Ah! Messieurs, pouvons-nous mieux honorer un bienfaiteur qu'en lui offrant l'hommage de la reconnaissance qu'il mérite? La reconnaissance, d'ailleurs, est un noble sentiment qui élève celui qui l'éprouve à la hauteur de celui qui en est l'objet. Restons fidèles à la mémoire de M. Campionnet, si nous voulons que la fortune nous soit fidèle à nous-mêmes. N'oublions pas ses exemples, ses enseignements, demandons-nous de temps en temps :

« S'il était là, que dirait-il? quel serait son conseil? »
Nous vivons dans un temps de trouble profond où les
mots si clairs autrefois ont comme perdu leur sens vrai,
où les idées primordiales sont confondues et tous les
principes ébranlés. On entend discuter sérieusement des
thèses étranges; il semble que l'absurde soit en voie de
conquérir droit de cité parmi les politiques et les
économistes; l'entraînement se communique peu à peu
même aux esprits animés de bonnes intentions.

Restons, nous, fermes sur nos principes, guidée par
notre bon sens, notre liberté n'a rien à craindre. Si nous
prêtons l'oreille aux prédications des utopistes, de quelque
nom qu'ils se décorent, c'en est fait de nous. Gardons
toujours présent le souvenir de notre passé; ne craignons
pas d'être traités d'arriérés. Nous connaissons le vrai
progrès, c'est par lui que nous avons grandi et prospéré;
nous continuerons à prospérer, à grandir, mais à notre
manière, c'est-à-dire par notre propre effort, avec l'aide
de Dieu.

Ce magistral discours, d'un style si fin et si élevé, a pro-
fondément impressionné l'auditoire. Nul ne pouvait mieux
retracer le portrait de M. P.-J. Campionnet et faire ressortir
ses nombreuses qualités; des bravos enthousiastes en font
foi.

M. F. Campionnet se lève. Après avoir serré la main de
l'éloquent panégyriste de son père, il se tourne vers la foule
et, d'une voix vibrante d'émotion, répond en ces termes à
M. Morard :

Messieurs et chers amis,

Au nom de la famille Campionnet, au nom de vous tous, la grande famille ouvrière de Gueugnon, je remercie MM. les Actionnaires de la Société des Forges de la pieuse pensée qu'ils ont eue d'élever ce monument à la mémoire de mon père, du fondateur de notre industrie et, j'ose le dire, du bienfaiteur de ce pays.

Cette pensée, d'autres l'avaient eue : les ouvriers de l'usine d'abord et le Conseil municipal ensuite, mais il vous appartenait, à vous, Messieurs, de la réaliser, vous qui étiez, non seulement ses associés, mais encore ses amis, vous dont les ascendants ont permis à mon père, par leur concours précieux, de commencer l'œuvre qu'il a faite grande et prospère, vous, enfin, aux intérêts desquels il a consacré, non sans succès, toute une vie de travail.

Nous vous remercions d'avoir placé son buste au milieu de nous; il y restera comme un tribut de votre reconnaissance et aussi comme un exemple pour montrer à tous ce que peut le travail, quand il est secondé par l'intelligence; pour m'indiquer à moi, le continuateur de son œuvre, que je ne dois pas oublier ses leçons, et pour rappeler à tous ses ouvriers qu'il était leur ami en même temps que leur chef.

Mon excellent ami, M. Morard, a retracé sa vie tout à l'heure dans des paroles bien touchantes dont je le remercie ; elles ont fait revivre dans nos cœurs le souvenir de celui que nous regrettons, comme ce bronze fait revivre son image à vos yeux.

En l'écoutant, et tandis qu'il nous disait les développements de cette usine, je revoyais, dans un lointain souvenir d'enfance, la vieille forge de Gueugnon, limitée à ces deux ponts, que fermaient des portes en bois, noircies par le temps plus encore que par la fumée, et composée de ces vieux bâtiments disparus depuis quelques années, dans lesquels travaillaient, avec la seule force hydraulique, soixante ou quatre-vingts ouvriers, toute la population ouvrière de Gueugnon d'alors ; et, bien qu'il ne m'appartienne pas d'insister sur ce développement auquel, pendant vingt-trois ans de collaboration, j'ai pu prendre quelque part, je jetais un regard, justement fier, sur ce qui a remplacé le passé, sur ces vastes halles, sur ces hautes cheminées et sur ces 600 ouvriers groupés au pied de cette statue, sur cet ensemble enfin qui fait de la Forge de Gueugnon une usine dont la production s'élève actuellement à 12,000 tonnes par an, et qui s'est fait une place dans la métallurgie française.

Eh bien ! Messieurs, et mes chers amis, il faut bénir la mémoire de Pierre-Joseph Campionnet ; c'est à lui que nous devons cette transformation; s'il n'avait pas, par une pensée maîtresse, compris, en 1856, qu'il fallait substituer, en grande partie, la fabrication du fer puddlé à celle du fer au bois, et renouveler l'outillage, vous ne verriez pas, aujourd'hui, cette usine grande et florissante; elle aurait sombré, comme tant d'autres, dans la triste période de 1860 à 1870, sans attendre la troisième transformation, celle de l'acier, qui fait sa force aujourd'hui. (Applaudissements.)

Mais le côté industriel n'est pas le seul qu'il faille louer dans la carrière de Pierre-Joseph Campionnet; il en est un autre aussi digne d'attention, et ce n'est pas la partie la moins précieuse de l'héritage que m'a légué mon père; c'est la tradition établie par lui, et si remarquable ici, de l'affection mutuelle des ouvriers et des patrons. Vous, mes chers amis, vous lui en avez donné, pendant toute sa vie et à la fin de sa carrière, de précieux témoignages; il y était sensible et, en retour, il avait la préoccupation constante de vos intérêts et de votre bien-être.

Il avait compris que le premier bénéfice de l'usine devait être pour l'ouvrier; à Gueugnon, il en est ainsi, les Actionnaires le savent, et ils sont heureux de contribuer, eux aussi, à l'amélioration de votre sort.

N'est-ce pas, en effet, le premier bénéfice qui est affecté à ces œuvres dont vous profitez tous, et qui, je peux le dire, n'existent aussi complètes que dans bien peu d'établissements?

Ces écoles dans lesquelles vos enfants sont élevés par vos anciens maîtres, pour faire de vos fils de bons ouvriers comme vous, et de vos filles d'honnêtes ménagères; cette médecine et la médication gratuites; l'assurance également gratuite contre les accidents; ces pensions de retraite sans retenue pour les infirmes et les vieillards sont autant de choses qui exigent de lourds sacrifices; mais nous ne les regrettons pas quand nous vous voyons si reconnaissants et si dévoués. Bien plus, nous voulons les augmenter, et, dans quelques jours, sous l'inspiration de la compagne dévouée qui, à mes côtés, ne cesse de partager mes préoccupations pour tout ce qui vous touche, des sœurs hospitalières viendront, qui iront soigner les ouvriers malades à domicile; elles vous rendront d'inappréciables services, car leur dévouement sera, j'en suis certain, à la hauteur de la pensée qui les amène.

Nous avons voulu que ce jour, qui était celui de la fête de mon père, en fût une pour vous. Ce sera la fête du travail, puisque nous honorons la mémoire de l'homme qui l'a le plus complètement personnifié ici par une vie de cinquante années d'un labeur incessant et qui est mort à 80 ans, frappé dans son bureau, la plume à la main.

Mais nous voulons aussi honorer et récompenser le travail dans quelques-uns d'entre vous et de nos plus anciens ouvriers.

Fᴀᴀɴçᴏɪs DUCHENE. — Vous, mon vieil ami, vous représentez ce mot et cette date : « Le Verderat, 1840. » Vous étiez presque enfant au Verderat, lorsque notre Société s'est fondée; vous n'avez jamais cessé de travailler à son service, comme ouvrier d'abord, comme contre-maître ensuite; l'âge a diminué vos forces, et j'ai dû vous confier un travail moins pénible et moins important. Vos deux fils, excellents ouvriers comme vous, sont morts au service de l'usine. Pour reconnaître votre travail et votre dévouement, la Société des Forges de Gueugnon vous alloue une pension annuelle et viagère de 1,200 francs qui vous sera comptée, que vous travailliez ou que vous ne travailliez pas, et je désire que ce soit pendant longtemps. (Applaudissements.)

Pɪᴇʀʀᴇ PELLETIER. — Vous, mon brave Pierre, vous représentez « Gueugnon, 1845 »; vous étiez ouvrier à Gueugnon lorsque notre Société a acheté l'usine; vous ne l'avez jamais quittée que pour le service militaire. Ouvrier longtemps, votre intelligence et votre bonne conduite vous ont valu le poste de contre-maître à la forge que vous occupez toujours avec zèle. J'ai obtenu pour vous du Gouvernement, par l'intermédiaire de M. le Préfet, la médaille des anciens ouvriers; j'aurais voulu l'attacher moi-même sur votre poitrine; par suite des formalités à remplir, je n'ai pu la recevoir en temps utile; mais vous l'aurez, et je tiens à vous dire publiquement que vous l'avez bien méritée. (Applaudissements.)

Mes amis, je vous donne ces deux hommes comme exemple, et je finis en vous disant que leur devise a toujours été celle qui doit être la vôtre à tous : Ordre, travail, économie.

Ce discours est fréquemment interrompu par des applaudissements.

Les deux ouvriers désignés sont montés sur la tribune; l'émotion les empêche de parler ; ils serrent avec effusion la main de leur chef; pendant ce temps, leurs camarades les acclament et, par des bravos répétés, montrent qu'eux aussi se trouvent honorés de cette double distinction. Ils ratifient ainsi le choix fait par le patron.

La fanfare joue un nouveau morceau, puis M. Canet, le fondé de pouvoirs et le doyen des employés de l'usine, qui a été pendant plus de trente ans le collaborateur de M. P.-J. Campionnet, rend hommage à la mémoire de son ancien patron par l'allocution que nous reproduisons :

MESSIEURS,

PERMETTEZ à un des plus anciens collaborateurs de M. P.-J. Campionnet de venir, à son tour, dire quelques mots de l'homme éminent que nous avons servi, aimé et pleuré, et qui a laissé dans notre population d'unanimes regrets.

Les débuts de M. Campionnet, dans sa longue carrière industrielle, ne furent pas toujours heureux : il eut de mauvais jours. Mais les revers ne l'abattent point. Travailleur d'une intelligence supérieure, il se relève vite. Doué d'une opiniâtre volonté, ayant comme l'intuition du succès final, il se met résolument à l'œuvre et le succès ne tarde pas à couronner ses efforts. Son but est atteint : la petite usine de Gueugnon est tombée en bonnes mains. En peu d'années, sous son habile direction, elle s'est transformée. Qui a connu cette usine avant que la Société Campionnet en fût propriétaire, et qui la voit aujourd'hui, est émerveillé des progrès accomplis et des agrandissements considérables opérés. L'impulsion donnée est vigoureusement continuée. En industrie, il ne faut pas rester stationnaire, sous peine de déchoir. C'est ce qu'a admirablement compris son fils et son successeur : chaque jour nous enregistrons de nouveaux procédés de fabrication et des améliorations. Il y a un peu plus de deux ans, la mort nous ravissait cet homme supérieur. Ce fut un grand deuil, Messieurs, et une grande perte. Rappelez-vous ce que furent ses funérailles !

MM. les Actionnaires ont eu la louable pensée d'élever, dans l'intérieur de l'usine, un buste à celui qui eut toute leur confiance et qui la mérita si bien pendant près d'un demi-siècle. Il a si sagement, si habilement et si heureusement administré leurs intérêts qu'ils ont tenu à honneur — et nous les en félicitons — de rendre ce bel hommage à l'homme qui sera considéré

par les générations futures, ainsi qu'il l'est par la géné-
ration actuelle, comme le vrai fondateur de la belle
usine à laquelle nous sommes heureux et fiers d'appar-
tenir. Merci, Messieurs, d'avoir fait revivre par le
bronze cette belle et noble figure qui a laissé dans nos
cœurs un souvenir ineffaçable, souvenir qui sera rendu
plus vivace encore puisque nous l'aurons constamment
sous les yeux.

Quel bel enseignement, Messieurs, pour nos enfants,
pour nos petits-enfants que cette longue vie si bien
remplie, toute de travail et de devoir! Je ne vois pas
de meilleur exemple à citer à la jeunesse que celui de
cet homme de bien. Son souvenir se perpétuera. Dans
chaque foyer on dira et redira ce que M. Campionnet a
été pour ce pays et le culte qu'on lui avait voué de son
vivant lui sera continué pendant bien des générations.

Nous, ses collaborateurs, nous nous rappellerons
constamment sa bonté, sa bienveillance, son plaisir à
obliger et combien il était heureux de se trouver au
milieu de nous. Nous nous rappellerons qu'il voulait
faire de l'usine de Gueugnon une usine modèle, et
sans être taxé d'exagération, on peut affirmer qu'il a
pleinement réussi. En effet, Messieurs, si vous parcouriez
la France, vous rencontreriez peu d'établissements où
l'ouvrier soit plus heureux, où l'on trouve attachement
et dévouement pareils pour le patron. On vieillit au
service de l'usine de Gueugnon : les changements y
sont fort rares. Patron et ouvriers se comprennent.
Pourquoi quitter quand on est bien ?

Rien n'est plus à l'honneur du chef qui n'est plus et de son digne successeur!!

Le discours de M. Canet a soulevé, à plusieurs reprises, les applaudissements de l'assistance tout entière.

Un dernier morceau est exécuté par la musique, et la foule se retire, vivement impressionnée, emportant le meilleur souvenir de cette touchante cérémonie.

Des groupes se forment devant le buste, et des conversations animées, dont M. P.-J. Campionnet est l'objet, s'engagent. On commente les discours qui viennent d'être prononcés : chacun est heureux d'avoir entendu parler, en termes éloquents, de celui qui méritait si bien les hommages qu'on rend à sa mémoire.

Le soir, un banquet réunissait, dans une vaste salle de l'usine, les membres de la famille Campionnet, les actionnaires, les employés, des délégués du conseil municipal, des ouvriers, le clergé de Gueugnon et quelques amis intimes.

L'ancienne tréfilerie, abandonnée depuis plusieurs années, a été transformée pour la circonstance en une magnifique salle de festin.

A l'un des bouts, le buste en plâtre de M. P.-J. Campionnet repose sur un piédestal orné avec un goût parfait; à l'autre extrémité, les armes de la ville se détachent sur un fond de verdure. Partout des trophées de drapeaux et des écussons au chiffre de la Société.

La table est élégamment dressée : plus de soixante-dix personnes y ont pris place. Le repas est des plus gais. La fanfare, infatigable, se fait de nouveau entendre et exécute plusieurs morceaux très appréciés.

Au dessert, M. F. Campionnet, qui préside, se lève; il porte le toast suivant :

Messieurs,

Si j'avais conservé un regret d'avoir cessé la fabrication des fils de fer, il disparaîtrait en cet instant, en vous voyant tous réunis dans cette ancienne tréfilerie, autour de cette table où je crois avoir réalisé d'une façon heureuse, et que j'espère durable, l'union du capital et du travail.

Avant que cette fête se termine, je tiens à vous dire combien a été vive et douce l'émotion que j'ai ressentie aujourd'hui en voyant l'éclatant témoignage de sympathie qui a été rendu à la mémoire de mon regretté père par les Actionnaires de l'usine, par cette foule recueillie d'ouvriers et par ce nombreux concours d'amis venus de Gueugnon et du voisinage.

Mais, à mon émotion, il se mêle un autre sentiment : il me semble que je vois grandir la difficulté de la tâche qui m'incombe, de porter dignement l'héritage de celui dont vous venez d'honorer la mémoire. Seul, aujourd'hui, pour porter le fardeau de la direction de cette usine, fardeau qui va, chaque année, s'alourdissant, j'ai besoin de votre aide à tous, et j'y fais appel en vous priant de reporter sur le fils les sentiments que vous aviez pour le père.

Je demande à Messieurs les Actionnaires de me continuer la confiance si méritée qu'ils avaient dans le fondateur de notre Société, aux amis de mon père, de reporter sur moi les sympathies qu'ils avaient pour lui, au personnel de l'usine de me continuer son concours si dévoué et l'affection qu'il avait pour son vieux patron.

Si, comme je n'en doute pas, vous répondez à mon appel, et si mes forces ne trahissent pas ma volonté, nous continuerons ensemble à faire grandir et prospérer cette usine.

Messieurs, c'est dans cet espoir que je bois à la prospérité de l'usine de Gueugnon, à Messieurs les Actionnaires, à la municipalité de cette ville, dont les intérêts sont si intimement liés à ceux de l'usine, au prêtre distingué qui fut l'ami si dévoué de mon père pendant de longues années, à vous tous, enfin, Messieurs, qui avez été ses amis et ses collaborateurs.

D'unanimes applaudissements accueillent ce discours.
M. Chipon, avocat à Besançon, répond.
Il s'adresse à Mme Campionnet dans les termes suivants :

MADAME,

C'EST répondre aux sentiments de M. Campionnet que vous associer aux remerciements que les convives qui m'entourent me prient de lui adresser.

Quoique dernier venu dans cette réunion, je sais que Mesdames Campionnet se sont fait, à Gueugnon, un patrimoine de charité et de dévouement, et que vous, Madame, vous avez tenu à l'accroître. Si la Société des Forges a voulu placer au centre de l'usine l'image de son fondateur, c'est moins pour perpétuer ses traits que pour mettre devant les yeux de tous une figure intelligente et fine, au regard droit et pénétrant qui n'a jamais dévié.

Hier, en nous faisant l'histoire de ce buste, M. Campionnet nous racontait comment la maquette lui avait déplu, et que, s'adressant au sculpteur, il lui dit : Regardez-moi, j'ai la coupe de figure de mon père. Et l'artiste, saisissant un ébauchoir, d'un coup, fit un portrait frappant.

Pour avoir la ressemblance du père, il a suffi de reproduire les traits du fils. Ce seul souvenir nous est garant que le passé répond de l'avenir, et qu'en levant à vous mon verre, Madame, je paie un tribut de respectueux attachement, et de reconnaissance.

Cette gracieuse allocution est couverte de bravos.

Enfin, un ouvrier, François Peigné, tourneur en métaux, prend la parole et prononce le discours suivant :

Messieurs,

Au nom et de la part de tous les ouvriers, mes camarades, je suis heureux d'apporter à la solennité de cette fête notre tribut d'hommages et de reconnaissance à la mémoire de celui dont nous fêtons le glorieux souvenir.

S'il fut pour nous un chef aimé autant que respecté, il fut aussi et surtout un ami sincère; travailleur avant tout, il aimait l'ouvrier, et lorsqu'il entreprit de développer l'industrie au pays de Gueugnon, à peu près désert à cette époque, il lui fallut aussi dompter et discipliner un nombreux personnel dont le degré d'instruction était à peu près nul, et de nature rendue un peu sauvage, étant donné qu'il était aux prises continuelles avec les forces aveugles d'un outillage encore primitif.

Mais par son aménité et ses sages conseils, il eut bientôt raison des dissentiments qui s'élevaient parmi ses ouvriers. Il avait ce je ne sais quoi en sa personne qui commande le respect et inspire la confiance, on sentait qu'en cet homme aux idées solidement trempées, il y avait tout un monde d'avenir, on sentait enfin qu'avec lui on était sûr du lendemain. Aussi, nombreux sont encore les ouvriers qui ont débuté avec lui et ne l'ont jamais quitté.

Cette discipline qui lui tenait tant au cœur, son fils aidant beaucoup, il sut l'établir et la faire respecter, et c'est ce qui fit une des gloires de ses derniers jours. (Applaudissements.)

A ce sujet, laissez-moi, Messieurs, vous rapporter textuellement les paroles qu'il nous adressa à la dernière fête de Saint-Eloi qu'il eut l'honneur de présider.

Après la messe, musique en tête, lorsque nous vînmes lui rendre les honneurs et lui offrir le gâteau traditionnel, il nous reçut au seuil de sa porte avec une larme de joie dans les yeux.

« Merci, mes amis, merci, nous dit-il, vous ne savez le plaisir que vous me faites. Je suis heureux de vous voir tous réunis encore aujourd'hui. Continuez ces bonnes relations, je n'aurai peut-être pas le plaisir de le voir encore longtemps, mais, du moins, je mourrai content maintenant, car je vois que l'union et l'accord règnent parmi vous ; persévérez dans cette voie, et vous serez toujours la joie et l'honneur de vos patrons. »

Voilà, Messieurs, les paroles de satisfaction qu'il nous adressait trois mois à peine avant de nous quitter.

Sa perte nous affecta douloureusement, car l'amitié que nous avions pour lui s'était peu à peu transformée en une sorte de vénération. Depuis cette époque, nous sentions qu'il nous manquait quelque chose, aussi adressons-nous toutes nos félicitations à vous, Messieurs, qui, mus par un noble sentiment, venez de combler cette lacune, en perpétuant par le bronze les traits de cette grande et mâle figure qui a tant contribué au développement de l'usine et du pays tout entier.

Messieurs, on ne vit pas avec le passé : cette affection, nous l'avons reportée tout entière à son digne et vaillant successeur qui, sous des dehors quelquefois un peu sévères en apparence, possède au suprême degré toutes les traditions de famille. (Applaudissements.)

Cette belle usine qui fait la richesse du pays, qui fait l'admiration de tous les visiteurs étrangers, qui marche au progrès et défie toute concurrence, il a le droit d'en être fier, car c'est bien son œuvre tout entière.

Depuis qu'il en est le chef autorisé, nous avons la double satisfaction de voir, non seulement son agrandissement successif, mais encore doubler le chiffre de sa production.

Rendons-lui cette justice : il fut un temps où bon nombre d'usines sombraient dans une concurrence effrénée, où, enfin, cette vieille renommée de Gueugnon était menacée jusque dans sa base fondamentale; lui seul pourrait nous dire au prix de quels efforts il soutint la lutte. Loin de nous abandonner, il n'épargna ni son temps ni sa peine, il ne négligea absolument rien au perfectionnement de l'outillage qui nous met à même, aujourd'hui, de lutter avantageusement, et par cela seul il nous épargna les horreurs du chômage toujours si funeste à l'ouvrier. (Applaudissements.)

Oui, Messieurs, si les ouvriers de Gueugnon sont fiers du passé, ils le sont aussi du présent, et en leur nom, je vous propose de boire à l'avenir en portant la santé de ce jeune homme que nous aimons déjà et que nous serons heureux d'avoir un jour à notre tête, parce que nous savons qu'il sera digne de son père et de son grand-père. (Applaudissements).

A vous, Mesdames, qui, par l'intérêt que vous nous portez, avez droit à la reconnaissance et à l'admiration de tous les travailleurs.

Ce discours a obtenu un vif succès : tous les convives s'associent chaleureusement à l'hommage si bien exprimé par ce digne ouvrier.

Les causeries reprennent : l'entrain et la gaieté se sont mis de la partie.

Mais le canon tonne; c'est le signal du feu d'artifice qui doit être tiré sur la place de la Foire, par M. Oudot-Arban, de Lyon. A ce moment, cette place est pleine de curieux : les flammes de Bengale, les fusées multicolores éclairant ces milliers de tête offrent un spectacle féerique. La pièce principale, représentant le buste inauguré dans la journée, a été parfaitement réussie. Tous les assistants acclament ce *bouquet* par des bravos répétés.

La soirée est superbe : la foule prend part aux divertissements installés sur la place, et la fête se termine par une promenade dans les rues de la ville où plusieurs maisons sont brillamment illuminées.

Elle laissera longtemps un souvenir à Gueugnon, cette fête qu'on a très justement appelée une fête de famille, car elle a été une nouvelle manifestation de l'affection sincère qui existe ici entre patrons et ouvriers.

www.ingramcontent.com/pod-product-compliance
Ingram Content Group UK Ltd.
Pitfield, Milton Keynes, MK11 3LW, UK
UKHW031735170726
13836UKWH00002B/666